W9-BKF-196

Presentado a

_____

Por _____

Para _____

LA BIBLIA
para corazoncitos

EDITORIAL
UNILIT

Pequeñas bendiciones™

Publicado por
Editorial Unilit
Miami, Fl. 33172, EE.UU.

Primera edición 1998
Segunda edición 1999
Tercera edición 1999
Cuarta edición 2004

© Tyndale House Publishers, Oraciones por James C. Galvin
© del texto, The Livingstone Corporation
© ilustraciones: Elena Kucharik
Arte y figuras en este libro: *LITTLE BLESSINGS* ™
Publicado en inglés con el título: *Bible for Little Hearts*
por Tyndale House Publishers, Inc.

Coedición mundial organizada y producida por
Lion Hudson plc,
Mayfield House, 256 Banbury Road,
Oxford OX2 7DH, England.
Tel. +44 (0) 1865-302750
Fax. +44 (0) 1865-302757
Correo electrónico: coed@lionhudson.com
www.lionhudson.com

Citas bíblicas: *La Biblia de las Américas*
© 1986 The Lockman Foundation
Usada con permiso.

Producto 497768
ISBN 0-7899-0438-1
Impreso en China
Printed in China

El regalo más valioso que usted puede dar a un niño es el amor por la Palabra de Dios. Dondequiera que usted compre esta Biblia o la reciba como regalo, encontrará que es un magnífico instrumento para presentar la Biblia a su hijo.

La Biblia para corazoncitos no son historias bíblicas, sino una colección de pasajes favoritos de la Biblia con el propósito de dar aliento y consuelo para usted y su niño. Las atractivas ilustraciones de Elena Kucharik le ayudan a reafirmar el mensaje de la Biblia.

Mantenga esta Biblia cerca de la cuna de su bebé como un recordatorio de su responsabilidad de enseñar a su hijo acerca de Dios. Según su hijo se desarrolla y se interesa en los libros ilustrados, mantenga éste entre todos los libros. Después de leerlo una y otra vez, su hijo comenzará a aprender estos versos de corazón. También hallará que este libro es una colección siempre a mano para memorizar versos cuando ya su hijo no sea un bebé.

El Señor le bendiga a usted y a su hijo mientras exploran y aprenden a amar la Palabra de Dios.

Honra a tu padre y a

tu madre, y así

tendrás una larga vida.

De Éxodo 20:12

Sí, ¡sé valiente y fuerte!... Pero recuerda, el Señor tu Dios estará contigo dondequiera que vayas.

De Josué 1:9

El Señor dará su

premio a cada uno por

hacer lo bueno y ser fiel.

1 Samuel 26:23

Oh Señor, nuestro Dios,

¡cuán glorioso es tu

nombre en toda la tierra!

Del Salmo 8:9

Porque el Señor

es mi pastor, ¡tengo todo

lo que necesito!

Del Salmo 23:1

Ciertamente la bondad
y el amor me seguirán
todos los días de mi vida,
y en la casa del Señor
estaré para siempre.

Del Salmo 23:6

Cuando tenga temor,

en Ti confiaré.

Del Salmo 56:3

Amo al Señor porque

Él escucha mis oraciones

y las contesta.

Del Salmo 116:1

Le doy gracias al Señor,

porque Él es bueno;

su misericordia es

para siempre.

Del Salmo 118:1

Te alabo, porque me
formaste de manera
asombrosa y
maravillosamente.

Del Salmo 139:14

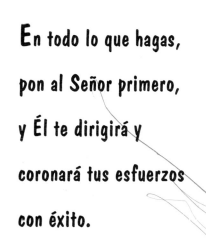

En todo lo que hagas,

pon al Señor primero,

y Él te dirigirá y

coronará tus esfuerzos

con éxito.

De Proverbios 3:6

Pero los que esperan en
el Señor renovarán
sus fuerzas, se remontarán
con alas como de águilas,
correrán y no se cansarán,
caminarán y no se fatigarán.

De Isaías 40:31

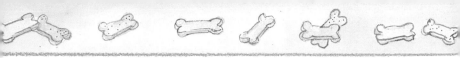

"Porque yo sé los planes

que tengo para ti",

declara el Señor.

"Planes de bienestar y no

de malestar, planes para darte

esperanza y un buen futuro".

De Jeremías 29:11

Tu fidelidad y tus

bondades, son frescas

cada día.

De Lamentaciones 3:23

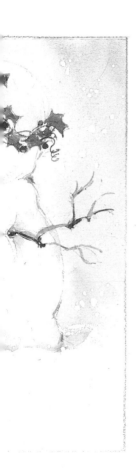

Te daré un nuevo
corazón y pondré un nuevo
espíritu en ti.

De Ezequiel 36:26

Dios, el Señor,

es mi fortaleza.

De Habacuc 3:19

Todo lo que quieras

que otros hagan contigo,

haz tú así con ellos.

De Mateo 7:12

Jesús dijo: "Donde hay dos o tres reunidos en mi nombre, allí estoy yo en medio de ellos".

De Mateo 18:20

41

Jesús tomó a los niños entre sus brazos y poniendo sus manos sobre sus cabezas, los bendecía.

De Marcos 10:16

Dios amó al mundo tanto

que dio a su único Hijo,

para que todo aquel que

cree en Él no se pierda

sino que tenga

vida eterna.

De Juan 3:16

45

Cree en el Señor Jesús, y serás salvo tú y tu casa.

De Hechos 16:31

De modo, que si alguno

está en Cristo,

es una nueva criatura;

¡todas las cosas viejas

pasaron, y las nuevas

llegaron!

De 2 Corintios 5:17

El fruto del Espíritu

es amor, gozo, paz,

paciencia, bondad,

benignidad, fidelidad,

gentileza y dominio propio.

De Gálatas 5:22-23

Niños, obedezcan

a sus padres en el Señor,

porque esto es lo correcto.

De Efesios 6:1

Puedo hacer todo

a través de Él, pues

Él me da fuerzas.

De Filipenses 4:13

Y mi Dios proveerá para todas mis necesidades, de acuerdo a las riquezas de Su gloria en Cristo Jesús.

De Filipenses 4:19

Toda la Biblia nos ha sido dada por inspiración de Dios...; ella nos fortalece y nos ayuda a hacer lo bueno.

De 2 Timoteo 3:16

Cada uno debe estar

presto a escuchar;

lento para hablar

y lento para enojarse.

De Santiago 1:19

La Palabra del Señor

perdura para siempre.

De 1 Pedro 1:25

Mira cuánto nos ama

nuestro Padre celestial,

que somos llamados

sus hijos.

De 1 Juan 3:1

Oraciones

Muchos padres se preocupan por cuál es el mejor momento para enseñar a sus hijos a orar. Los niños aprenden a orar cuando nos oyen orar y oran con nosotros. Aunque el pequeñito no entienda las palabras, es importante que USTED ore con su hijo y haga el hábito de orar juntos cada día. Juntos pueden dar gracias a Jesús por los alimentos de cada día. Cuando lo acuesta en su cuna, diga una oración de buenas noches aunque su niño ya esté dormido. Los padres que hacen esto no tienen que preocuparse acerca de cuándo enseñar a sus hijos a orar. Ellos también tienen el consuelo de saber que oran por su hijo y con él por toda su vida. Nunca es demasiado temprano para comenzar a orar con su niño. He aquí algunas oraciones para comenzar.

Oración antes de dormir

Querido Dios:
Gracias por este día.
Gracias por mantenerme a
salvo. Por favor, ayúdame a
dormir pronto. Te amo.
En el nombre de Jesús. Amén

Oración al despertar

¡Buenos días, Dios! Gracias
por el día de hoy.
Gracias por todo lo hermoso
que has hecho.
Ayúdame para que pueda hacer,
lo que sé que es bueno.
Confío en Ti.
En el nombre de Jesús. Amén.

Oración antes de comer

Querido Dios:
Gracias por estos alimentos.
Gracias por todas las cosas
buenas que me has dado.
En el nombre de Jesús. Amén.

El Padrenuestro

"Padre nuestro que estás en los cielos, santificado sea tu nombre. Venga tu reino. Hágase tu voluntad, así en la tierra como en el cielo.

Danos hoy el pan nuestro de cada día. Y perdónanos nuestras deudas, como también nosotros hemos perdonado a nuestros deudores. Y no nos metas en tentación, mas líbranos del mal. Amén.

Mateo 6:9-13

Gracias por mis amigos

Querido Dios:
Gracias por mis amigos.
Por favor, ayúdame a ser
bondadoso con ellos.
Ayúdame a ser bueno y no ser
engañador.
En el nombre de Jesús. Amén.

Gracias por mis padres

Querido Padre celestial:
Gracias por mis padres.
Ayúdame a hacer todo lo que
ellos me digan, aunque no me
guste.
En el nombre de Jesús. Amén.

Gracias por la Biblia

Querido Dios: Gracias por la Biblia. Ayúdame a leerla para que pueda saber y hacer lo que Tú quieres que haga. Gracias por enviarnos a Jesús a salvarnos.
En el nombre de Jesús. Amén.

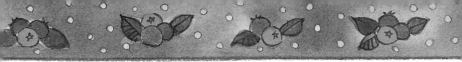

Ayuda para orar cada día

Querido Dios:
Yo te amo.
Gracias por tu gran poder.
Gracias por poder
hablar contigo.
Ayúdame a orar cada día.
En el nombre de Jesús. Amén.

Perdona cuando hago lo malo

Querido Dios:
Por favor perdóname cuando
hago algo mal. Ayúdame a
hacer lo que Tú quieres
y no mi voluntad.
Gracias por todo lo que puedo
hacer para hacer feliz
a los demás.
En el nombre de Jesús. Amén.

Ayúdame cuando tengo temor

Querido Dios:
Gracias por preocuparte de
cómo me siento.
Por favor, ayúdame
a no tener temor.
Gracias por estar conmigo todo
el tiempo.
En el nombre de Jesús. Amén.

BIBLE